**La vie d'une femme,
la poésie dans l'âme…**

Eli-Cat

La vie d'une femme, la poésie dans l'âme…

Recueil

LE LYS BLEU
ÉDITIONS

© Lys Bleu Éditions – Eli-Cat

ISBN : 979-10-377-5387-8

Je suis malade mais cela ne se voit pas…
J'ai mal mais on ne me croit pas…
Je reste seule comme une proie…
Face à cette maladie qui est en moi…
Chaque jour est un combat…
Pour ma vie, je me bats…
Mais au fond de moi…
Je le sais déjà…
Qu'un jour, je ne serai plus la…

Apaise ma tristesse…
Apaise cette souffrance…
Enlève cette faiblesse…
Qui me tourmente…
Efface ce passé…
J'en suis blessé…
Brisée par cette naïveté…
D'avoir trop aimée…

C'est sur une feuille blanche…
Que j'exprime mes pensées…
C'est avec impatience…
Que chaque mot est noté…
Je ne suis pas poète dans l'âme…
Je ne fais pas de drame…
Caché derrière ces mots…
Je me réfugie aussitôt…
Pour écrire ces poèmes…
À ceux que j'aime…

Je reste entière…
Dans mes propos et dans mes vers…
Ce que j'écris je l'assume…
Tu es ma plus belle plume…
Tu ne m'as pas laissée indifférente…
Par ta voix si surprenante…
Laisse-moi une chance de te prouver…
Ma confiance que je te t'offrirai…
Laisse-moi te bercer…
Par ce poème qui t'est dédié…

Juste un regard…
Juste une histoire…
Ainsi est née en moi…
L'envie d'écrire pour toi…

L'âme a sa faiblesse…
Le cœur a sa tristesse…
Ce n'est que dans un moment d'ivresse…
Que je te prouverai la délicatesse…
De mon amour en finesse…

Nous ne sommes pas des choses dont on sert
si nécessaire…
Nous ne sommes pas des objets pour vous
satisfaire…
Nous sommes des femmes à part entière
avec un cœur et non une pierre…

Perdu dans un regard…
Je cherche le chemin…
Au bout je m'égards…
Ne trouvant rien…
Je perds tout espoir…
De trouver enfin…
Ce fascinant regard…
Qui est le tien…

Des questions inutiles…
Des réponses futiles…
Je suis une femme et non un objet…
J'ai une âme et du respect…
Dis-moi que tu m'aimes…
Je te dirai de même…
Sinon j'abandonne…
Avec ces mots qui résonnent…
Et je ne pourrai plus écrire…
Ce que j'avais à te dire…

Tu l'aimes lui aussi…
Tu le sais il te suit…
En un poème, tu lui dis…
Que tu l'aimes pour la vie…

Mon ange est parti…
Me laissant là dans l'oubli…
Dans un monde ou ma vie…
N'a plus de sens sans lui…
Mon ange m'a laissé…
Il s'en est allé…
Dans le ciel, il s'est envolé…
Comme une étoile, il a brillé…

Fatiguée de devoir se battre…
D'être à terre sans que personne ne vous regarde…
Fatiguée de devoir monter sa garde…
Contre de pauvres primates…
Même à terre je me relèverai…
Encore plus forte qu'hier et plus déterminée
que jamais…

Mon cœur étant déchiré…
Mon âme blessée…
Je m'étais juré de ne plus aimer…
Pourtant je veux croire en la beauté…
Qu'un jour on puisse effacer…
Ces blessures cachées…

Je tiens à toi…

Même si on ne se connaît pas…

Ta voix, ton regard…

On fait que je m'égards…

Dans un monde inconnu…

Que je ne quitterais plus…

Viens à moi ne me laisse pas…

Je serai toujours là pour toi…

La vie m'a donné un don…
J'en fais bon usage…
Avec beaucoup d'émotions…
Je le partage…
La vie m'a donné ce don…
D'écrire sur une page…
Ce que je ressens au plus profond…

J'ai plus envie…

J'ai trop souffert…

Il m'a pris ma vie…

Des années en arrière…

Je suis malade de sa négligence…

Il m'accable de son ignorance…

Ce combat est sans fin…

Chaque jour, j'y pense…

Que peut-être demain…

Je sombrerai dans l'insouciance…

D'avoir trouvé le chemin…

Qui apaisera mes souffrances…

Je ne suis pas une perle…
Mais pour toi, j'essaie…
J'aimerais pouvoir effacer…
Tout ce que tu as traversé…
Pouvoir enfin te donner…
Ce bonheur tant mérité…

Tu as su toi…
Par tes mots…
Faire renaître en moi…
Ce qu'il y avait de plus beau…
Tu as su toi…
Par ta voix…
Faire revivre l'amour…
Perdu depuis toujours…

Ta présence me manque…
Ton absence me hante…
J'aimerais que tu reviennes…
Que je sois sereine…
De là-haut, reviens-moi…
Je ne suis rien sans toi…

J'ai donné tout ce que j'avais…
J'ai aimé autant que je le voulais…
J'ai pleuré autant que je le pouvais…
Savoir donner pour aimer sans pleurer n'est que pure
fatalité…

Tu ne me regardes pas…

Pourtant je suis là…

Je reste prisonnière…

D'un amour éphémère…

Mais un jour, tu resteras…

Seul dans le désarroi…

Car mon amour pour toi…

Ne sera plus là…

L'indifférence amène à l'ennui…
L'ignorance amène à l'oubli…
L'innocence d'un être…
L'importance du cœur…
L'inconscience de le perdre…
L'insouciance qu'il se meurt…

Quand j'ai croisé ton regard…
J'ai su que ce n'était pas le hasard…
Je devais te rencontrer…
Pour que je puisse t'aimer…
De ton regard, je te déclare…
Tout mon amour…
Jusqu'à la fin des jours…

Un jour, je te dirai…
Tout l'amour que j'ai pour toi…
Une nuit, je te ferai…
Ressentir ce qui est en moi…
Laisse-toi abandonner…
Toi mon bien-aimé…
Par la magie du destin…
Qui nous unit enfin…

Laisse le passé derrière toi…
Fais comme s'il n'existait pas…
Vis maintenant le présent…
Comme si c'était le dernier instant…

Ma vie a cessé…
Mon cœur s'est noyé…
J'ai su que c'était fini…
Le jour où tu es partie…
Un jour, je te reverrai…
Pour toujours lié à jamais…

Je ne t'attendais plus…
Placée au bout de cette rue…
Je t'ai attendue…
Seule intérieurement nue…
Terrorisée et perdue…
Je suis restée là mais tu n'es pas venue…
Alors j'ai couru sous cette pluie battue…
Puis tu es apparue…
Mes mots se sont perdus…
Sous tes baisers inattendus…

Des messages puis un regard…
Comme des amants, comme un art…
Quelques instants ensemble…
Quelques heures tremblantes…
En est venu tout simplement…
Une histoire des sentiments…
Me disant je t'aime un jour…
Mon cœur ne fut qu'un tour…
Me repoussant aujourd'hui…
M'abandonnant avec mépris…
Me laissant seule dans l'oubli…
Je n'ai pas compris…

Prends la vie comme elle vient…
Marche droit sur ton chemin…
Ainsi tu verras qu'à la fin…
Tu n'auras que du bien…

Un jour, tu m'as regardé…

Simplement dans une entrée…

Je ne savais pas que tu étais fixé…

Sur mon corps dénudé…

Puis nous avons échangé…

De longs moments de complicité…

Un temps où nos sentiments se sont décuplés…

Mais un jour, tout a changé…

Tu m'as repoussé…

Déconcertée abandonnée…

Mon cœur a cessé…

Mon âme s'est brisée…

J'ai regardé les étoiles…
Une pensée m'est apparue…
Sans état d'âme sur une toile…
Je peins ce que j'ai vu…
Je ne puis mettre un nom sur cette toile…
Tant inattendu…
J'ai regardé les étoiles…
Puis je t'ai aperçu…
Venu comme sur ma toile…
Tu as disparu…

Un regard insouciant…
Comme un amant…
L'envie d'aimer…
Je te l'ai donné…
Aujourd'hui inconscient…
De ton amour existant…
Tu restes innocent…
De tes sentiments…

Ton sourire, ton visage…
Me souriant me regardant…
Tes mains, tes bras…
Me touchant m'entourant…
Je m'abandonne passionnément…
À ce désir enivrant…
Qu'est l'amour éternel…
Dont je serai ta belle…

Tu tiens au bout de tes mains…
Le bonheur tant attendu…
Fais confiance au destin…
Car demain tu l'auras perdu…

Cet esprit reste une mentalité…

Prendre des décisions pour changer…

Aller contre soi-même est dignité…

Écouter sa conscience la laisser parler…

Reste un choix compliqué…

L'expérience de la vie passée…

Nous ouvre les portes d'un futur composé…

À nous d'en trouver la clef…

Pour en être libéré…

Commencer main dans la main…
Toujours aller plus loin…
Trouver ce chemin…
Même si cela mène au chagrin…
S'abandonner, se laisser aller…
Se détourner de la réalité…
Pouvoir écouter sans se parler…
Se regarder en toute simplicité…

Imagine un paysage…
Laisse-toi aller…
Va au-dessus des nuages…
Oublie le passé…
Tu es si sage…
Prends ta liberté…
Tel un mage…
Se retirant à jamais…

Je ne sais pas pourquoi mais c'est comme cela…
On ne peut contrôler ce que l'on ressent…
Mais ils sont présents…
Cela ne s'explique pas…
Ils arrivent comme cela…
Dans un moment de ta vie…
Ou tu te sens démuni…
Parfois, ils sont réciproques…
Parfois, tu t'en moques…
Mais la vie est faite ainsi…
De déceptions qui nous anéantissent…

Je me suis battue pendant 4 ans…

J'ai souffert physiquement mentalement…

Aujourd'hui, je suis fière de moi…

Car je n'ai pas baissé les bras…

Quatre années de combats acharnés…

D'expertises d'interventions risquées…

Debout, je le suis grâce à ma volonté…

De pouvoir dire avec fierté…

Que j'ai triomphé…

Tout a été prouvé reconnu par un expert médaillé…

Aujourd'hui, je suis libéré…

Maintenant, je suis en paix…

J'ai rêvé…

D'être une fée…

De pouvoir illuminer…

La vie sans méchanceté…

De pouvoir effacer…

Toutes ces violences incontrôlées…

De donner espoir et bonté…

À celles et ceux dans la pauvreté…

De savoir aimer, de le crier…

Avec paix et sérénité…

La vie nous a donné une deuxième chance…
Pouvoir vivre notre romance…
Vivons d'un amour éternel…
Si intense et fusionnel…
Que ma vie soit la tienne…
Que la tienne soit de même…

Le jour n'est pas levé…
Pourtant je suis éveillé…
Je te cherche auprès de moi…
Mais tu n'y es pas…
Je pleure ton absence…
Avec tant de souffrances…
Que mon cœur se déchire…
En un seul soupir…

La vie est trop courte…
Arrête le temps…
Car un jour tu te réveilleras…
Seul dans le désarroi…

Ce que la vie nous apporte…

Le temps l'emporte…

Sommes-nous maîtres de notre vie…

Si celle-ci l'a dévié…

Sommes-nous maîtres de notre destin…

Si celui-là y met fin…

Qui sommes-nous par-delà nos pensées…

Si nous ne pouvons être maîtres de notre destinée…

Dans cette prison, tu es enfermé…
Tu m'as laissée désarmée…
Seule face à la vie…
Seule dans l'oubli…
Perdue dans ce monde éphémère…
À genou à terre…
J'essaie de me lever…
En vain si fatiguée…
Aide-moi, aime-moi…
Ne m'abandonne pas…
Je ne suis rien sans toi…

Seule dans mon lit…
Je n'ai qu'une envie…
Partir loin d'ici…
Mais la vie m'a appris…
Que malgré la maladie…
Rien n'est défini…
Continue d'y croire…
Ne perds jamais espoir…

Ils t'ont pris…
Arraché à ma vie…
Je reste punie…
De leurs gestes incompris…
Je pleure aujourd'hui…
De t'aimer à l'infini…

Je crois que je me détache…
Je n'ai pas envie de me voiler la face…
Je suis sûr de moi…
Toi tu n'y es pas…
Je ne vais pas te le cacher…
Je ne dis que la vérité…
J'ai assez souffert…
Pour que ça continue…

Quand plus rien n'a d'importance…
Que ta vie n'a plus de sens…
Que chaque jour est une souffrance…
Arrête-toi et pense…
Que la vie est faite ainsi…
Que quoi que tu fasses tu es ici…
Continue d'avancer petit à petit…
Sur le chemin que tu as choisi…

On s'est regardé…

On s'est parlé…

Sans pouvoir imaginer…

Quelque chose est née…

Cet amour reste caché…

Car tu ne peux l'avouer…

Qu'au fond de tes pensées…

Je suis ta bien-aimée…

Je veux te prouver…

Mon amour en un baiser…

Je veux te donner…

Ma vie pour l'éternité…

À ce moment-là…
Je me demande pourquoi…
Pourquoi je suis là…
À attendre de toi…
Quelque chose que je n'aurai pas…
Je t'en prie, ne m'abandonne pas…
Je t'attendrai le temps qu'il faudra…

Cela est encore récent pour toi…
Ce que je conçois…
Certaines blessures restent là…
Au temps pour moi…
Si je pouvais ne serait-ce t'aider…
À oublier ce douloureux passé…
Qui te hante depuis des années…
Je le ferais sans hésiter…
Pour ne plus te voir souffrir…
Que tu puisses enfin revivre…
Connaître à nouveau le plaisir…
D'aimer à en mourir…

Il fut un temps…
Un peu comme avant…
Ou je pensais tant…
Écrire des romans…
Sans pour autant…
Être comme Maupassant…
Il est temps maintenant…
D'écrire ce que je ressens…
Avec des poèmes différents…
Comme Rimbaud auparavant…

Mon roi je ferai de toi…
Ta reine je serai ta proie…
Mon amour sera de soi…
Ma vie vouée sera pour toi…
De ta voix, tu me le diras…
Que ton cœur sera à moi…

Abandonner…
Se laisser aller…
Ne plus pouvoir avancer…
Te laisser aveuglé…
Par cette peur acharnée…
Prends ma main…
Serre-la bien…
Tu ne risques rien…
Suis-moi sur le chemin…
Qui nous mènera vers notre destin…

Offrir son corps une nuit…
Offrir son cœur, une vie…
J'aimerais être épanouie…
Pour celui qui m'a embellie…

Quel que soit le temps…
Prends patience…
Avance lentement…
Avec prudence…
Délicatement…
Avec élégance…
Offre tes sentiments…
Avec innocence…

Cette sensation que tu as…
Quand je te parle tout bas…
Comme une plume légère…
Qui flotte dans l'air…
Tu écoutes avec attention…
Je te parle avec passion…
Dans tes yeux, je le vois…
La tendresse qui est pour moi…

Face à toi…
Je ne suis rien…
Dans tes bras…
Je m'y sens bien…
Reste là près de moi…
Ne pars pas…
Mon cœur souffrira…
De ton absence, il s'arrêtera…

La douleur est en moi…
Elle est bien là…
Je vis avec elle…
Sans cesse en duel…
J'essaie de la combattre…
Sans me débattre…
Elle me met à terre…
La laissant faire…
De toutes mes forces, je me relève…
Comme une écorce, elle me soulève…

Heureuse je le suis…
Rêveuse j'ai appris…
Joyeuse tu le dis…
Joueuse dans l'esprit…
Sérieuse dans la vie…
Curieuse j'en ris…

L'espoir…
Même dérisoire…
Que demain…
Soit bien…
L'espérance…
Même chance…
Que la vie…
Soit jolie…
L'envie…
Même partie…
Que tu donnes…
Soit mignonne…

Si belle est-elle…
Comme une dentelle…
Elle se dévoile…
Comme une toile…
Démesurant la nuit…
Elle m'éblouit…
Comme une reine…
Elle est sereine…

La vie est trop courte, je me pose trop de questions et parfois je perds mon temps au lieu de profiter de chaque instant.

Aujourd'hui, j'ai appris à mes dépens que chaque jour compte énormément quand on a plus le temps…

Mon écriture est pure…

Ma plume si légère…

Qu'à chaque murmure…

Elle se libère…

Comme un plaisir inavoué…

Je vous le dis sans hésiter…

Que mes poèmes vous sont dédiés…

Pour vous mes plus belles pensées…

Présent dans le temps…
Le temps d'un instant…
Présent un moment…
Nous emportant…
Le temps s'arrêtant…
Nous transportant…
Comme le souffle du vent…
Dans un monde différent…

Je ne suis ni parfaite ni refaite…
Je suis une petite brunette…
Je suis comme je suis…
Tant pis si tu t'enfuis…

Aujourd'hui, nous sommes réunis…
Tous différents mais unis…
Par les liens du sang…
La vie en découlant…
Par les liens du cœur…
La joie et le bonheur…
Aujourd'hui, c'est avec sérénité…
Que j'exprime mes sentiments…
Et c'est avec légèreté…
De dire ce que je ressens…
Aujourd'hui par ce poème…
Je vous dis « je t'aime »…

On s'est rencontré…

Un lien s'est créé…

De ce lien est née…

Une famille recomposée…

Une famille tant rêvée…

Que je ne cesserai d'aimer…

Des liens noués pour l'éternité…

À vous, ma famille adorée…

Je vous aime sans compter…

Par ton intelligence…
Tu as su m'épauler…
De notre alliance…
Mon recueil est né…
C'est une chance…
De t'avoir à mes côtés…
C'est avec élégance…
Qu'à jamais, je te remercierai…

Imprimé en Allemagne
Achevé d'imprimer en février 2022
Dépôt légal : février 2022

Pour

Le Lys Bleu Éditions
40, rue du Louvre
75001 Paris